JN086240

SDGs時代の

保育実践 アイデア帳

小西貴士／大豆生田啓友　編著

一緒につくろう！
持続可能な社会

フレーベル館

旅に出ようと思う

幼い人たちとの毎日のあり方を
ちょっと立ち止まって考えてみたいから

あまりにもヒトの社会が 移り変わるスピードが早すぎて
地球の環境が 変えられてゆく規模が大きすぎて
いろんな情報が 絶え間なく入って来るんだもの

そんな時代の保育や園のあり方を
いろいろと考えてみたくなっちゃったんだ

旅先では
いろんな人がやっていることを この目で見て
いろんな人の声に 耳を傾けてみたい
そして これからの保育は
こんなだといいな あれもありだなと 考えてみて
アイデア帳を描きながら 旅を続けよう

そして
明日からあんなことやってみたいな
こんなことをもっと学びたいなと ウズウズしてきたら
また 保育の場に 帰ってきたいなと思う

さあ、ヒトも地球も大切にできるような
保育や園のあり方を 探る旅に出かけよう

行ってきます！

旅の背景　　〜私たちの世界は今？　　　　　　　　　　　　06

01　食べる　　　　食べることからたくさんの幸せを生み出そう　　12

02　地域　　　　　地域を共につくってゆく園になろう　　　　　　20

03　インクルーシブ　　いろんな人が認め合い共に暮らせる園をつくろう　28

04　貧困　　　　　地域の貧困を包み込んでゆける園になろう　　　36

05　エネルギー　　　エネルギーのこと、自分ごとならぬ自園ごとにしてゆこう　44

SDGsの専門家が今、保育者に伝えたいキーワード１　　　　　51

06　生態系　　　　小さくても生態系を体感できる園に　　　　　　52

07　ジェンダー　　　多様な性のあり方や生き方を認め合える園になろう　60

SDGsの専門家が今、保育者に伝えたいキーワード２　　　　　67

08　廃棄・ゴミ　　園発！ ゴミをめぐるあの手この手　　68

ESDの専門家が今、保育者に伝えたいキーワード1　　75

09　人権　　園にかかわる一人ひとりが輝くために　　76

10　グローバル　　この園から世界とつながろう　　84

ESDの専門家が今、保育者に伝えたいキーワード2　　91

11　平和　　園から平和な世界の実現への一歩を　　92

12　テクノロジー　　テクノロジーとの関係を豊かに生きられる園へ　　100

今回の旅に協力していただいた方　　107

あとがき　　108

実践をもっと深めるためのオススメ本　　110

この本を活用していただくために

◆この本は、未来志向の保育や園づくりに取り組んでいる方々を訪ね、実践の話を聞かせてもらい、著者がその要素を抽出して意見や専門的な知見も加え、アイデアや言葉としてまとめたものです。

◆全体の流れとしては、旅人と共に旅を進めてゆきながら、この地球が続いてゆくことと保育の関係を考えてゆけるように作られています。が、どこから読んでいただいても、どこから使っていただいてもかまいません。

◆未来志向で園や保育をデザインしたり、実践を生み出したりすることに大いに役立てていただければと思います。

旅の背景
　〜私たちの世界は今？

旅に出る前の夜
　ベッドで考えてみたこんな問い

私はだれとこの地球を
分かち合おうとしているのだろう？

もしも　この世界とは違う
　　もう1つ別の世界があったとして

そこでは今の私たちの世界にあるような
大きな問題が解決されているとする

その世界でいちばん大切に
　　されていることはどんなことなんだろう？

そんなもう1つの世界での
　　「幼い人たちの暮らし」って
　　　どんな感じの暮らしなんだろう？

旅に出る前に整理しておこう

私たちが地球規模で抱えている
大きな問題とはどのようなものだろう？

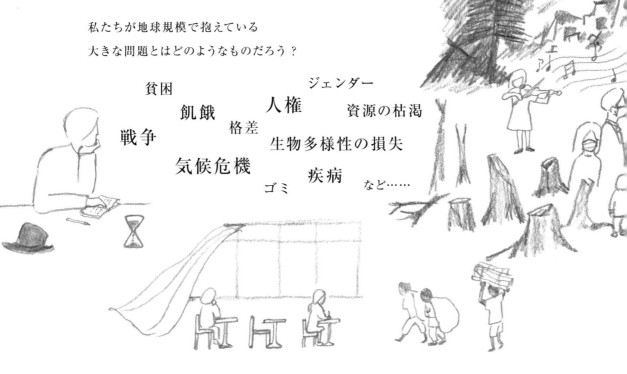

貧困　　　　　　　ジェンダー
　　飢餓　　　人権　　資源の枯渇
戦争　　格差　　生物多様性の損失
　気候危機　　　疾病　など……
　　　　ゴミ

放っておけば**ヒト**の**存続**の**危機**にかかわるような問題

そんな大きな**問題**を生み出した**原因**として考えられるものは何だろうか？

ヒトの数が短期間に爆発的に増えている

ヒトの数だけでなく　暮らし方も
　　　　地球に対してオーバーしている

ヒトという生き物を支える
　　　　地球環境が限界に近づくか

もしくは
限界に達していて
　　　　急激に劣化している

このままの状況が続くと

どうなるのだろうか？

今の**幼い人**たちの**未来**が 極めて**危機的**で**不安定**なものになる

では、世界では
どのような動きが起きているのだろう？

地球規模の大きな問題を解決・緩和する
ために世界共通の目標を定めて、2030
年を目安に目標を達成しようというSDGs
（持続可能な地球にしてゆくための目標）
に取り組む動きが加速している

ESD（持続可能な地球の創り手を
育むための教育）に取り組むこと
で、持続可能な地球にしてゆこ
うという動きが加速している

では、日本の保育の実践はどうだろう？

SDGsという言葉だけが先行して入ってきていて
SDGsやESDに至る背景を丁寧に読み解いて
保育をデザインしたり、実践したりできる園や保
育者はまだ少ない
でも、SDGsやESDを特に意識していなくても
ESDの好事例やモデルとなるような持続可能
な地球に向けた未来志向の保育の実践や園は
少なからずある

この本では……

12 のテーマ　皆さんの園で幼い人たちと一緒に感じ、考え、実践につなげていただくために、SDGsの17の目標ではなく、保育に身近な12のテーマ（章）で構成しています。

110 の実践アイデア　12のテーマで実践者のお話を聞き、その要素を抽出して、著者の意見や専門的な知見を加え、皆さんの園での実践のヒントとなる110のアイデアとしてまとめています。

36 の羅針盤（進むべき方向）　それぞれの章の最初に、皆さんがどこを目指して保育をデザインしていくかを考える時に、道しるべとなる3つの要点を羅針盤として示しています。

60 の実践者を勇気づける言葉　それぞれの章の最後に、その章に協力いただいた方々のお話やそのやり取りの中で著者が語った、特に印象的な言葉を選んで添えています。実践者ならではの力強い言葉は皆さんを勇気づけるものになるでしょう。

SDGsやESDの専門家による **8** のキーワード解説　SDGs時代と言われる時代背景や大切な言葉について、SDGsやESDの専門家に特に重要だと思われるキーワードを挙げていただき、解説していただいています。

01 食べる

食べることから
たくさんの幸せを生み出そう

世界の約10人に1人は飢餓に直面しています。
また、この国の食品ロスの量は1人当たり茶碗
1杯分の食べ物を毎日捨てている状態にあ
ります。世界では飢えに苦しむ人が多い中で、
この国では好きなものがいつでも買って食べら
れる状態にあるということです。でも、気候変
動や政情不安などの影響により、それがこの
先も続くかどうかは定かではあり
ません。「強く丈夫な体をつくる」
というこれまでの園の食の主目的
にとらわれず、地域の人や経済や
生態系の豊かさと共にあり続ける
「幸せな園の食のあり方」を模索
してゆく必要があります。

<参考文献> 政府広報オンライン「今日からできる！
家庭でできる食品ロス削減」、2023年6月16日

羅針盤 未来はこの先に

園での暮らしの中に
　「食べる」が自然にあるように

「食べる」で地域とつながり、
　「食べる」を地域と分かち合う

「食べることで丈夫な体をつくる」
　ということ以外の目的も豊かにする

13

1 地域の食文化を園に迎え入れよう

これまで地域で大切にされてきた行事食や伝統食を取り入れるのはもちろん、今地域で起きている持続可能な食文化の担い手（料理人や生産者）とも積極的につながり、情報交換しよう。

2 「園の食」を地域と分かち合おう

子どもたちが日々食べている食事やおやつを、地域の方に食べてもらい、意見交換しよう。（お惣菜としての販売、こども食堂との協働、地域イベントへの出店・協力、離乳食教室の開催など）

3 「地域の食」を支える場として機能したり、発信したりしてみよう

園が販売場所になることで地域の生産者や小売店を応援することができる。地域の生産者や食にかかわる人の考えているアイデアや課題を園だよりなどでも発信してみよう。

4 小規模で集約的なエディブル・ガーデン[*1]に取り組んでみよう

「循環」や「共生」など生態系の視点を取り入れて、園の菜園やコンポスター[*2]を考え直してみよう。単一栽培の畑を小さくしたものではなく、小規模で多種多様な野菜や果樹をぎゅっと植え込んだ菜園に取り組んでみよう。

＊1　直訳では「食べられる庭」。野菜やハーブや果樹や山菜など、ヒトが食べられるものを中心に植え込まれたデザインの庭のこと。
＊2　堆肥を作る装置や容器、堆肥場のこと。

5 食材の購入で社会を変えることができる

地域や近郊で、地球にもヒトにもやさしい生産をされている食材や食器、エシカル（倫理的）な視点で丁寧に営まれている小売店の食材を意識的に取り入れてみよう。

6 献立や調理にも民主主義を

献立を考えたり調理したりするのは限られた人でなくてもいい。保育スタッフも調理スタッフも一緒に考えてみよう。食材がどこから来るのかや野菜の切り屑はどこへゆくのかをみんなの話題にしてみよう。

7 食器や調理器具にもやさしい物語を

食材だけでなく、食器や調理器具を見直すことも社会を平和にしたり、生態系を守ったり、個人を幸せにするきっかけとなる。地域材を利用したお椀やお箸、フェアトレード[*3]のお皿やざる、つながりのある職人さんの作ったお鍋など、やさしい物語を増やしてゆこう。

*3　直訳では「公正な貿易・取引」。原材料や製品を適正な価格で購入し続けることで、生産者や労働者の生活の改善や自立を目指す「公正な貿易や取引」のこと。

8 「食べる」多様さを包み込んで、みんなで食べる幸せを感じよう

日常的に、様々な仲間で分け合って共に食べる幸せを感じよう。一人ひとりの体の特性に加え、信仰や思想から生まれる「食べる」に関する多様性を許容しやすい献立や食べ方を考えて実践してみよう。

9 園の味 ⇄ 家庭の味

園から家庭に伝える味と、家庭から園に持ち込まれる味。園と
家庭の食に関するコミュニケーションを豊かに工夫することで、
子どもたちにとっての食が豊かになってゆく。

10 未来の園の献立や食のあり方をみんなで考えてみよう

今、目の前にいる子どものためにだけ考えるのではなく、これからの
地域の農業や、これからの地域の食がこうあってほしいよねという視
点でアイデアを出し合ってみよう。

未来をつくる言葉

" 「いただきます」は、命や地球のカケラをいただいてこの体をつくること "

「食べる」に関することを丁寧にやってゆくことで、地球も多くの生命もヒトも、私たちはもっと
大切にできる!

" 食べることにも、幼い人それぞれの違いを尊重したい "

どのような人も食べることが楽しいと感じられることが大切。食べる量や早さ、好き嫌いなど、
幼い人の食の多様性を尊重したい。違いはあっても共に食べることが大切。

" 園を1つのおうちと考えて、みんなで「食べる」をつくってゆく "

園をおうちと考えるなら、園長だって1歳児だって家族の一員。買い出し・献立・調理・配膳・
片づけなど、できるところから「食べる」に大いにかかわろう。

" キッチンスタッフは、ただご飯を作る人ではない "

管理栄養士や調理師がコーディネーターとなって、生産者や保護者や地域の方々とつながっ
て新しい園と地域ができてゆく。そんな大きな可能性を秘めている。

" 「食べる」のすべてを消費社会に委ねない "

電子決済で食材が買えて、食べることが済んでしまう時代だからこそ、栽培して食べたり、
釣って食べたり、もらったものを食べたりするような体験に意味がある。

この章を作る	柳瀬真理子 さん	はなぞの保育園
ヒントをくださった方	髙梨美紀 さん	茂呂塾保育園
	大柴由紀 さん	山梨学院大学

地域を共につくってゆく園になろう

乳幼児期からの学びの重要性が社会に浸透しています。学びのことを考えて、幼い人が特定の場に集い、時間を過ごすことは大切なことですが、同時に地域から幼い人の姿を奪うことでもありました。現在の地域社会には幼い人やお年寄りなど特定の人たちを隔てる壁がいくつもあります。そのデザインは効率的だったかもしれませんが、少子高齢化が進むなか、社会が豊かに続いてゆくためには見直しが迫られています。これまでは園を閉ざすことで保育のカリキュラムが洗練されてきたかもしれませんが、園を開くことでその地域ならではの豊かさを共に創り出し、共に歩んでゆくことが、これからの時代、園に求められているといえます。

羅針盤 未来はこの先に

地域のことは園のこと、園のことは地域のこと

地域が必要としていることは何だろう？ 耳を澄ましてみよう

幼い人たちの声を届けて、もっと地域づくりに活かしてゆこう

Give & Take

魚屋さんのお誕生日もお祝いしよう！

11 地域の方との関係マップやリストを
作って可視化してみない？

園庭の手入れに来てくれる方、食材を届けてく
れる鮮魚店……。地域の方とどんな関係にあ
るかみんなで書き出してみよう。「してもらう矢
印」が多い場合は、園ができることがないか考
えてみよう。そこには表れていない新たな関係
をつくれないか考えてみよう。

12 改めて子育て当事者の目線で地域を見てみよう

保育者の目線ではなく、子育て当事者の目線で地域を見てみると、
「地域はもっとこうあってほしい」が見えてこない？　地域の買
い物・交通・医療などはどう見える？　「園や保育があんなこと
してくれたら地域がもっとすてきになる！」が見えてこない？

13 幼い人と一緒に地域のいろいろなところに顔を出してみよう

地域の方を園に招くだけでなく、園の幼い人たちと一緒に地域の様々な場所や場面に顔を出してみない？ 幼い人たちの生き生きしさを地域の人が感じることが、今も昔も地域が未来志向で元気になるためのいちばんの薬なのかもしれない。

14 保育で大切にしていることを地域に対しても同じコンセプトで提供しよう

「食べる」とか「アートする」とか、保育で大切にしていることを、「惣菜店」や「ギャラリー」などの形にして地域に対して提供してみてはどうだろう。そこで始まった関係や得たものは、また保育に還元される。園と地域の好循環を創り出そう。

15 地域に向けての窓口を園以外にもう1つ運営してみてはどうだろう

食堂・カフェ・シェアハウス・助産院・農園などを運営することは、地域とつながる窓口を園以外にもう1つもつこと。園とは異なる窓口で地域の方と出会うことが多様な会話や関係を生み、園も地域もしなやかに豊かにしてゆく可能性を高める。

16 園のミーティングに地域の人を迎え入れてみよう

思い切って、時々は地域の方にゲストとして園のミーティングに入ってもらってはどうだろう? 地域の方の生の声を聞きながら、年度の計画を立ててみるミーティングもありかも。もちろん、地域の会議にも参加できるならしてみよう。

17 新たな取り組みをする時は、地域のリーダーや行政とタッグを組んでみよう

園発で、今の地域社会にないような新しい事業や活動に取り組む時は、臆せず地域のリーダーに相談・提言し、タッグを組んで取り組めないかチャレンジしてみよう。場合によっては、市区町村よりも小さな単位の地域とタッグを組むのもオススメだ。

焚き火が
できるところを
つくってください

この山ぜんぶが
保育の場！

18 過疎地域こそ、思い切った子育てや保育のあり方に取り組んでみよう

いわゆる過疎地域は子どもの数が少なくなっていることが共通の特徴。逆手に取ればそれは、地域特有の子育てや保育の革新的な取り組みをしやすいということかもしれない。革新的な保育をきっかけに、持続可能で豊かな地域へと変えてゆこう。

19 園の前後（入園前・卒園後）について、定期的に
地域の方と話す場をつくろう

在園期間だけの子育て拠点ではなく、本当に地域の人のための
子育て拠点としての役割を果たすために、もっとできることがな
いだろうか？　潜在化している需要（ニーズ）を聞き取る機会を
つくろう。給食の人気メニューなどを食べながらでもいいね。

20 災害時の想定とともに地域内での個人や団体と
の連携を強めよう

地震や津波、風水害などが起きることを想定して、地域の方と
話してみよう。避難や救護、備蓄に関する具体策について話す
ことはもちろん、これをきっかけにして、今後園をサポートしてく
ださいね、園にできることはないですか、などと話すことが大切。

未来をつくる言葉

"地域に保育を話せる人を増やしてゆくと、自ずと保育が地域とつながってゆく"

園の構成員だけで保育を研ぎ澄まそうとする意識が強すぎると、園は閉鎖的になってしまう。園の外（地域）にこそ保育を共に考えることができ、頼れる仲間を増やそう。

" 地域を幼い人にとっての学びの豊かな資源だと理解したい "

地域には豊かな教材があふれるほどある。様々な乗り物や店舗、多様な職種の人々や企業、文化施設、生態系など。散歩などを通して地域との交流を深めることで、学びのチャンスを広げたい。

" 地域の清掃や祭りを子どもも一緒にやるので、地域との関係性は良好！"

人と人の良い関係って、言葉だけ、形式的な態度だけでは築くことが難しい。年齢や立場を超えて協働できる機会って、良い関係性を築くためには本当に重要だ。

" いわゆる田舎というところこそ、「地域と共にある保育」にシフトしたい "

大都市以外の地域では、今後子どもや子育て世代の著しい人口減が予測されている。地域が続かなくては保育だって続かない。園の未来を考える時は、地域の未来を考えなきゃ。

" 子どもが過ごす場が、地域の中でブラックボックスになっちゃダメ "

園での保育者や幼い人たちの動きや暮らしぶりが、社会から見えにくくなってしまうことは、その人たちの目線や声が社会づくりに反映されにくくなるということ。

この章を作るヒントをくださった方　　　　　西村早栄子 さん ｜ 智頭の森こそだち舎
　　　　　　　　　　　　　　　　　　　　　白水純平 さん ｜ そらのまちほいくえん

03 インクルーシブ

いろんな人が認め合い
共に暮らせる園をつくろう

羅針盤 未来はこの先に

だれもが特別な1人である

その人の意思を大切にする

これまで当たり前になっていた「壁」や「隔て」を疑ってみる

グローバル化*が進み変化が激しい社会の中で、D&I（ダイバーシティ＆インクルージョン；多様性と受容性）という言葉を耳にする機会が増えています。一人ひとりが違っていることが大切で、そんな違う者同士がそれぞれを活かし合って暮らすことを大切にしようということです。国籍が違うこと、体の特徴が違うこと、信仰や感覚の違い。幼い頃からそんな違いを当たり前のように受け入れて活かし合える経験を積み重ねられる環境が、これからの時代を生きる人にとって大切になってきているといえます。

＊　政治・経済・文化などのヒトの様々な活動が、国や地域の枠組を超えて、地球規模で一体化されてゆく流れや変化のこと。グローバリゼーションともいう。

21 まずは職員チームが、ありのままを認め合えている
関係か、見直してみる

いろんな幼い人を受け入れることを考える前に、大人同士が認め
合えて助け合えているのか、「気楽」に話し合ってみよう。

22 自園の生活や行事が、様々な制約のある幼い人も
大人も楽しめるものか、話し合ってみる

園での1日の生活、1年の生活を具体的に検証してみよう。じっ
としていることが難しい人にはどうだろう？　車椅子で移動する
人にはどうだろう？　酸素吸入が必要な人にはどうだろう？

23 いろんな幼い人や大人が一緒に生活できる園の
環境の絵をみんなで描いてみる

「こういうトイレだといいね」「本棚の高さは？」「日本語が理解できない人への案内は？」など、できるだけ具体的に「こうだったらいいね」を描いてみよう。（実現することにこだわりすぎずに！）

24 多様な者同士が助け合って生活している社会の
絵をみんなで描いてみる

高齢者や医療的ケアが必要な人や幼い人、国籍や信仰が異なる人同士など、得意なことが違う人同士が生き生きと助け合って生活している社会の姿を話し合いながら、絵に描いてみよう。

25 様々な制約のある幼い人の家族の声を聞く機会
をもち、何ができるか考えてみる

自園で受け入れた幼い人であるかどうかにとらわれず、地域在住
の様々な制約のある幼い人の家族の声を聞く機会をつくり、自園
でできることは何かを考えてみよう。

ふむふむ

フムフム

26 医療的ケア児や障害児、外国籍の子どもを
受け入れている園の実践から積極的に学ぶ

特に同じ自治体にある園の実践から学ぶ機会を設けよう。
「特別なことをやっているんだ」ではなく、「私たちにもで
きることは何だろう?」と考えてみよう。

ピーチク パーチク

27 すでに医療的ケア児や障害児、外国籍の子どもを受け入れている園は、積極的に開き実践を共有してみる

地域の中で選択肢が増えることが幼い人本人やその家族にとっては大切。地域全体で受け入れ園が増えるように自園の実践を地域の園に積極的に共有してゆこう。

28 多様な人が集まる園を、支えてくれる地域の人を増やす

いろんな幼い人や多様な職員、保護者を受け入れるためには、知識や技能をもった人や、人数が必要になる場面もある。園の中に入ってくれる人、園の外で支えてくれる人など、職員以外のサポーターを増やしてゆこう。

ひらけーごま！

29 今まで受け入れることができていなかった
幼い人や大人を受け入れてみる

受け入れることからすべては始まる。いわゆる「場づく
り」や「コミュニティづくり」では、実践を通しながら考
えたり、必要な知識や技能をもった人とつながったりし
てゆくことも重要。

30 園での生活・遊び・行事な
ど、各場面で幼い人の意
思を確認してみる

新たに幼い人や大人を受け入れな
くても、今日からできることがあ
る。それは、園生活の各場面で幼
い人の意思を確認し、選択肢を用
意すること。また、クラスやグルー
プという隔たりを見直してみるこ
とも。

未来をつくる言葉

" 幼い人にとっては、違っていることが当たり前 "

幼い人は、いろんな人がいることを当たり前だと思っている。違うことを感じながら、けんかも
するし、助け合いもする。

" 何をするのかは、その人が選択して決める "

どれだけ幼くても、話せなくても、その人の意思を確認しようとすることから始めよう。

" 他者を認めるのではなく、自分の弱さを認める "

凸と凹の共存を認めなければ、多様性を認めることにはならない。

" 自分で全部やらなくても、みんなで助け合えればいいんだ "

「私が頑張ってやってあげなきゃ」ではなく、「多様な人たちでなんとかやってゆこう」という気
持ちでやってみよう。

" いろんな大人も幼い人も、ただここで一緒に過ごそうというだけ "

インクルーシブな保育を目指すのではなくて、だれもがもつ凸に注目し、凹を埋め合う実践を
することが、結果としてインクルーシブな保育につながる。

この章を作る　　　　　　馬場拓也 さん　｜　社会福祉法人愛川舜寿会
ヒントをくださった方　　瀬山さと子 さん　｜　カミヤト凸凹保育園

04 貧困

地域の貧困を
包み込んでゆける園になろう

1980年代以降、資本やヒトやモノや情報が国境を越えて行き来することが拡大するとともに、貧富の差も拡大しました。世界には今も衣食住に困窮するような極度の貧困に苦しむ子どもが3.5億人以上います。日本では、相対的貧困にある子どもの割合は2023年現在11.5%。ひとり親世帯だけで見ると44.5%に上ります。貧困の固定化は、社会参画の希望を奪い、社会の分断も生みます。これからの園には、在園期間に子どもが豊かな園生活を送れるだけでなく、産前や就学後のかかわりも大切にし、地域の貧困を緩和するために行動する役割も求められています。

<参考文献> 厚生労働省 「2022（令和4）年 国民生活基礎調査の概況」、2023年7月4日

羅針盤 未来はこの先に

経済的な貧困はもちろん、
　　地域にある様々な貧困を緩和してゆこう

身近な○○さんのために、
　　できそうなことからやってゆこう

在園期間だけでなく、産前からの関係や
　　就学後も続く関係を大切にしよう

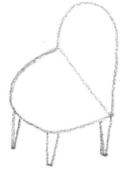

31 貧困と一口に言っても、どのような貧困があるのか みんなで考えてみる

貧困とはどのような状況を指しているんだろう？　経済的な貧困はもちろんだけど、それだけにとらわれず、時間的な貧困・愛情の貧困・食事を囲む貧困など、どのような貧困があるか、みんなで想像して出し合ってみよう。

32 まず！　職員や在園児、卒園児の家庭状況からできるサポートを考えてみる

まずは園にとって最も身近な人や家庭をサポートすることを考えてみよう。両親の介護に追われている職員や、朝食を食べられずに学校に行っている卒園児に、どのようなことができるだろうか？　まずは、身近な具体案にこそ取り組んでみよう。

33 ウチの園の強みを活かして、貧困に苦しむ人に何ができるかを出し合ってみる

「園庭が分かれていて園児以外にも開放しやすい」「食を大切にしてきたのでこども食堂はやれそうだ」「絵本やおもちゃが大量にあるから移動図書館やっちゃおう！」など、自園の強みを活かしたサポートに取り組むことが、無理なく長続きする秘訣。

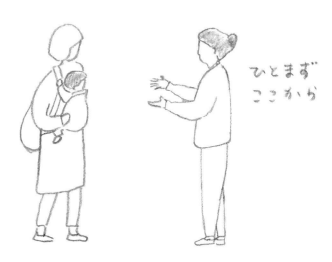

34 本当に困っている人への一時預かり保育等の無償提供も一案

社会的に様々な理由で、目の前に本当に困っている人が見えているのであれば、ピンポイントでその方にクーポン券などを渡し、一時預かり保育等を利用してもらうことは、園としてまずすぐにできることかもしれない。もちろん先の見通しも考えた上でね。

35 給食室があるなら、"食"をキーワードに園の地域開放をやってみては？

園に給食室があるなら、こども食堂はもちろん、簡単なフードパントリー[*1]、給食や家庭の食品ロスの活用、朝食や夕食の無償提供など、給食室から始まるサポートを考えてみては？　会話や団欒の貧困など、食をキーワードにして緩和できる貧困はいくつもある。

＊1　直訳では「食品貯蔵庫」。食品や日用品の入手が困難な個人や家庭に対して、無料で配布する活動や場所のこと。

36 服や食料品、子育て関連物品の無料交換所や無料配布所を常設してみては？

園が主催して、子育てや日常生活に必要な物品の無料交換会を開催したり、無料配布所を常設できたりするといいね。常設でも仮設でも、大切なのは必要な方にちゃんと届いているかということ。気兼ねなく物品をもらっていける雰囲気をつくることも大切だ。

37 これぞ保育者ならでは！ 絵本やおもちゃの無償貸し出しをやってみては？

保育者の専門性という無形の財産を地域に還元するということで
あれば、保育者がこだわって選んでいる絵本やおもちゃを、必要
とされる家庭に無償で貸し出しするのは最も自然な取り組みかも。
貸し出しの対応業務は保護者や地域の方にお願いしてもいいかも。

いってらっしゃい

38 貧困の緩和へ！ 駄菓子屋・塾・サークル活動・ バスの活用……、可能性は無限大

卒園児が学習のおもしろさに気付けなかったり、放課後に1人の
時間が長かったり……。そんな格差を緩和するために、塾的な
場や駄菓子屋的な場を園がつくるのもありだし、体験の貧困を
緩和するサークル活動や、園児の家族のためにバスを活用する
こともできる！

39 地域の他業者や企業と協働できないか模索してみては？

地域の他業者と積極的に協働できないだろうか？　例えば、ベビーボックス*2だったら、園が中身を詰めて、配送は運送業者の地域貢献事業でやってもらう。フードパントリーだったら、スーパーマーケットで集まった食品を、園が対象となる家庭に送迎時に渡すなど。

*2　赤ちゃんの世話や育児に必要とされる衣類や日用品やおもちゃなどの必需品が入ったキットのこと。孤立した子育てをなくすために配布されることが多い。「赤ちゃんポスト」のことを指すこともあるが、ここでは違う。

40 迷ったら、園が社会還元することで生まれる好連鎖をイメージしてみよう

取り組みを進める中で、大きな葛藤や迷いが生じたら……。今、この子や家庭を支えることで、10年後、20年後、その人はそしてこの地域はどうなってゆくだろう。その時支えが必要だった人が、支える側に回る地域をイメージしながら進めてみよう。

未来をつくる言葉

" 人って自分に余裕がないと、他人に優しくすることはできないと思う "

問題解決の意識が強すぎると、当事者の気持ちに寄り添うことが難しくなったり、仲間が疲れたりする。自分や近しい仲間の時間や生活を大切にすることも忘れないで。

" 新たなことをやろうとするんじゃなくて、制度の隙間を埋めてゆくんだ "

今の社会制度を把握し、理解した上で、制度が埋めきれていない身近な貧困にアクセスして緩和してゆけたらいいね。行政と連携して補い合えたら、社会は変わってゆく。

" 自分たちがやれる範囲と、やれない範囲をちゃんと見定めたい "

その場限りの支援で終わってしまわないように、自分たちがやれない範囲を把握して、引き継いだり、協働したり。困っている人を、優しさのネットワークでちゃんと包みたい。

" 1つの課題に取り組んでみて、そこで見えてくる「届いていない人」に届ける "

貧困の問題は、まさにケースバイケース。まず園にかかわる身近な人のために心を込めて動いてみたら、「あ！ ここに手が届いていないんだ」って、次に届けたい人が見えてくるはず。

" 最終的には、どれだけ真剣に地域のことを想っているのか、なんだよね "

世間で言われているから、という理由で取り組みが始まったって構わない。でも、進めるうちに地域のことをどれだけ真剣に想い、考えているかが問われる局面がいつかは訪れる。

この章を作るヒントをくださった方　　　　　　柿沼平太郎 さん ｜ 学校法人柿沼学園

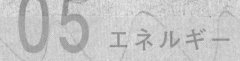

エネルギーのこと、
自分ごとならぬ
自園ごとにしてゆこう

羅針盤　未来はこの光に

エネルギーという言葉に臆せず、本質を理解しよう

エネルギーのことを"自分ごと（自園ごと）"にしてゆこう

ハイテクとローテクを組み合わせ、
**　　未来型の園のエネルギーをデザインしよう**

　ヒトの生活様式の急激な変化と、世界人口の急増に合わせて、化石燃料の消費増加によるエネルギー資源の枯渇や、化石燃料の燃焼による温室効果ガスの排出の増加が大きな問題となっています。日本はエネルギーの消費も、電力の消費も世界でトップクラスですが、エネルギーの自給率は低く、再生可能エネルギーの普及も遅れています。これからの時代を生きる人を育む園での、エネルギーの利用の仕方やデザインについても、変化の節目を迎えているといえるでしょう。

＜参考文献＞
GLOBAL NOTE 「世界の一次エネルギー消費量　国別ランキング統計・推移（EI）」、2023年6月28日
日本原子力文化財団　「1-1-10 主要国の一人あたりの電力消費量」、2022年12月9日更新
日本原子力文化財団　「1-1-11 主要国のエネルギー輸入依存度」、2022年12月16日更新

41 できるだけシンプルでわかりやすいエネルギーを めぐる体験や遊びを豊かにしていこう

食器乾燥機・衣類乾燥機・エアコンなど、便利な道具が日常生活にある時代。洗った後のお皿や布巾を太陽光や風で乾かすとか、打ち水をしてみるとか、エネルギーの理解につながる体験や遊び、幼い時にいろいろやれるといいね。

42 園で使用する電力会社、みんなで定期的に 話し合って、見直してみよう

エネルギーについて正解探しをするのではなく、多様な意見を交わすことがとても大切。それには電力会社の選定は良い機会となる。再生可能エネルギー100%の電気が使える選択肢も、今は多い。年に一度というように決めて、職員みんなで話し合ってみよう。

43 部分だけでも電力の自給にチャレンジしてみない？

この部屋で使う電力だけ、自園の屋根上で自給できるシステムを
構築してみよう。それによって、大人も子どもも電気への興味・関
心が高まるし、電気の使用に関する意識だって変わる。災害時
や停電時にもそのシステムが動けば、大きな安心だ。

44 電化しないことで、毎日に幸せが多く
生まれる選択肢だってあるんだよ

掃除機・洗濯機・食洗機・炊飯器・冷蔵庫・
電子レンジ……。電化製品は何せ便利。でも、
それで失っているものもたくさんある。特に
幼い人との暮らしの中では、昔ながらのやり
方でやることで会話や気づきが増え、感情
表現が豊かになることも多いはず。

45 暖房・キッチン・トイレなどの
エネルギーをハイブリッド化
してみよう

この部屋の暖房は薪ストーブ。この蛇
口から出るのは太陽熱温水器で作ら
れたお湯。このトイレで流す水は雨
水利用。というように、多様なエネル
ギーで動く園のデザインに取り組もう。
学びも豊かになるよ。

この木は炭に
この木は薪に

46 チャレンジ！
エネルギーの実践家や専門家と協働できないだろうか？

エネルギーのことも自分ごとに！ それはごもっともだけれど、だれ
か伴走者が居てくれたら……。保護者や地域の方で、電気工事がで
きる人や薪の熱利用に詳しい人などが近くにいるはず。もちろん業者
の方や研究者とつながって協働できたら最高！

47 話し合おう！　地域や園にはどんなエネルギー利活用の可能性があるの？

太陽光・バイオマス*¹・水力・風力・地熱。この地域で使えるエネルギーを考えてみよう。可能であれば専門家に入ってもらって、園で使える地産のエネルギーの具体案を考えよう。冬に園舎内に太陽光が入りやすくするアイデアだって立派な一案。

＊1　直訳では「生物資源の量」。動物や植物に由来する有機性の資源のこと（化石燃料は除く）。森林バイオマスとは、森林内の木材からなるバイオマスのことで、主に間伐材・伐採や製材した後の残渣・繁茂してしまった竹のこと。

48 取り組めたらいいな！地域内で循環するエネルギーと経済

もし、自治体と連携して、園で森林バイオマスを活用した暖房や温水の利用、小型水力発電の利用ができるようであれば、石油や石炭由来の電気を利用するよりも環境への負荷は少なくなり、地域の経済への貢献度も高くなる。

未来をつくる言葉

" 私たちのこの体だってエネルギーの循環の一部なんだ "

太陽エネルギーを電気に変える意識だけでなく、私たちヒトは太陽エネルギーを形にした植物か、その植物を食べた動物というエネルギーを食べているという根本的な気づきが出発点。

" 園まるごとがエネルギーについての体験学習施設だと考えたい "

この保育棟は高断熱の土壁、太陽熱を利用して干し野菜作り、というように、園のどこでも多様なエネルギーをめぐる体験ができるようにという視点で、リデザインしたいよね。

" 地域産にこだわると、エネルギーの消費は抑えられ、地域経済も循環する "

絵本棚、食材、コピー用紙、それらの原材料が園から近いところで手配できたほうが、エネルギーの消費は少なく済み、環境への負荷は減る。しかも地域の経済だって潤う。

" 園で地域産のエネルギーを使うことは、地域にとって象徴的であり、気づきも多い "

地域の間伐材を園の薪ストーブで燃やし、幼い人たちが温まる。そして職員や幼い人たちが森林整備を手伝う。そんな好循環が地域に多くの気づきをもたらし、地域を変えてゆく。

" 再生可能エネルギー[2]ならいいわけではなく、豊かに続いてゆくことこそが本質 "

地域外から来た業者が山を崩して太陽光パネルを設置して、お金の大半が地域外に流れるのはおかしい。地域が豊かに続いてゆくエネルギーを見出すことが本当は大切なんだ。

＊2　有限な資源である石油・石炭・天然ガスなどの化石エネルギーとは異なり、太陽光・風力・地熱などの自然界に常に存在するエネルギーのこと。

この章を作るヒントをくださった方　　　　　　　　　　　本間日出子 さん　｜　三瀬保育園

SDGsの専門家が今、保育者に伝えたいキーワード 1

SDGsとは：国連で採択された2030年までの世界共通の目標。目標達成のために、政府、自治体、企業団体などが主体的に推進する方法（目標ベースのガバナンス）が取られている。つまり、社会的な属性にかかわらず、私たち一人ひとりが自分ごととして行動することが期待されている目標であるといえる。

[SDGsの自分ごと]

これまで国内の SDGs 普及に携わり実感している3つのステップがあります。「SDGs って何？」（What）、「SDGs ってどうやって取り組むの？」（How）、ここまではよく交わされる会話ではないでしょうか？　でも、いちばん大切なことは「どうして SDGs に取り組むの？」（Why）です。みんながやっているからとか、学校で学んだからとか、そんな理由だけで本当に社会が変革できるでしょうか？　多くの人が SDGs を知る社会となった今、この Why を3つ目のステップにして SDGs を自分ごとにすることがいちばん大切だと感じています。Why を考えるヒントは、SDGs が書かれた国連の採択文書『2030 アジェンダ』にあります。それは5つの P です。これは17ゴールに親しみをもってもらうために、P の文字で始まる5つの単語のグループにまとめたもの。People（人間）は、ゴール1、2、3、4、5、6。Prosperity（繁栄）は、ゴール7、8、9、10、11。Planet（地球）は、ゴール 12、13、14、15。Peace（平和）は、ゴール 16。Partnership（パートナーシップ）は、ゴール 17 です。

[人間開発] (Human Development)

5つの P の中で最も重要なのが People です。『2030 アジェンダ』に記された People の一文を要約すると「すべての人間が尊厳と平等、そして健康な環境のもとに、潜在能力を発揮することができることを確保する」とあります。これは国連が 1990 年から発行している『Human Development Report』に記載された「人間開発（Human Development）」そのものといえます。僕なりの意訳は「人間開発とは、自らがもつ可能性や才能やモチベーションを発揮できる安心安全な社会を、それぞれ一人ひとりが作り出す人材となっていく好循環を構築していくこと」です。つまりだれもが未来づくりの主役であるということですね。ちなみに、『2030 アジェンダ』には SDGs の理念、哲学ともいえる前文があります。この中に重要なフレーズ「No one will be left behind（だれひとり取り残さない）」が書かれています。だれひとりとは、他人だけではなく自分も大切にするということであり、SDGs は私たちの一人ひとりの背中を押してくれる世界共通の目標だということですね。

「SDGsの専門家が今、保育者に伝えたいキーワード2」はP.67

参考文献
川廷昌弘（2022）「企業における環境コミュニケーションからSDGsコミュニケーションへの意識と行動変容モデルの解析」筑波大学博士学位論文

川廷昌弘（かわてい　まさひろ）
1963年兵庫県芦屋市生まれ。Good Story Lab.。SDGsアイコン日本語化など国内のSDGsコミュニケーション領域の第一人者。主な委嘱にSDGs円卓会議環境分科会構成員、神奈川県SDGs推進担当顧問など。日本写真家協会（JPS）会員。博士（環境学）。

06 生態系

小さくても
生態系を体感できる園に

多種多様な生命や物質と共に生きてゆくことが大切だと言われる時代になっています。そ
れはヒトに都合よく土地を改変することと反比例するように、地球上の多種多様な生き物の
絶滅が加速したり、数が減少したりしているからです。私たちヒトが豊かに生きてゆくには、
ほかの生命や物質や現象との豊かな「つながり（生態系）」が欠かせません。そのつな
がっている感じや、つながりの中で生かされている感じを、日常的に体感できる園の環境
や保育のデザインがますます大切になってきています。

羅針盤　未来はこの先に

いろんな生命や物質があってくれるから、ヒトは生きてゆける

私たち、大きなビオトープ*の中で暮らしているんだよ

ヒト以外の生命や物質と共に生きる感覚を養おう

*　語源的な直訳では「命の場所」。生物の
　　生息する空間や場所のこと。ヒトの開発
　　により生物が生きにくくなった場所を、再
　　生し作った生態系の空間や場所のこと。

53

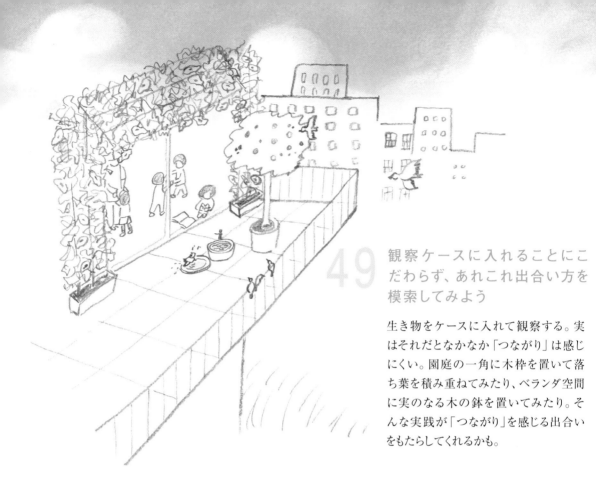

49 観察ケースに入れることにこ
だわらず、あれこれ出合い方を
模索してみよう

生き物をケースに入れて観察する。実
はそれだとなかなか「つながり」は感じ
にくい。園庭の一角に木枠を置いて落
ち葉を積み重ねてみたり、ベランダ空間
に実のなる木の鉢を置いてみたり。そ
んな実践が「つながり」を感じる出合い
をもたらしてくれるかも。

ここにも いろいろ
生きてるよ

50 園の周りで生えている植物を迎え入れよう

食べられる果樹や、ハーブの苗を買って植える以外の方法も考えてみよう。まずは地
域の空き地や河川敷や家庭の庭で、自然に芽生え、元気に育っている草木を見つける。
そしてその種子をいただいてきて育ててみよう。地域の気候に合っている植物は育ち
やすい。その地域の「雑草園」をつくるのもいいね。

51 森や湿地や川を、小さくギュッと再現してみよう

小さな鉢の中であっても、広い園庭であっても、大きな森や川を観察してヒントをもらい、それを小さくギュッと再現してみよう。例えば、落ち葉に覆われている森の地面を参考にして、プランターの土の上に落ち葉や刈った草を敷くことで、土の乾燥を防ぐことができる。

52 「いろんな生き物が生きている畑」をやってみよう

地球には多種多様な生き物が複雑なつながりで生きている。ヒトはその豊かなつながりの中で食べて生きてきた。そんな大切な原理原則は、実際に体験してみるのがいちばんわかりやすい。収穫量にこだわりすぎず、豊かなつながりを「学べる」畑を実践してみよう。

53 意識してみよう、「在って（居て）くれてありがたいね」の体験

この木がここに生えてくれているから、木陰で休めてありがたいね。ミミズが落ち葉を食べてくれるから、柔らかい土ができてありがたいね、など。「使えるね」という使用価値に気付く体験だけでなく、「ありがたいね」という存在価値に気付く体験も意識してみよう。

54 長生きさせられるかだけでなく、何とつながっているかに気付けるように

生き物を長生きさせることが、飼育の大きな目的になっていないか？　その生き物がどんなほかの生き物とつながっているのか、生態系の中でどんな役割をもっているのか、そんなことに気付けるような飼育体験が、多種多様な生命と共に生きる感覚を育んでゆく。

ありがとう

55 地域の専門家や研究施設とつながって、一緒に園を
デザインしてみよう

園の周りにお住まいの造園家・生物研究者・生物愛好家・生物
写真家のような方々を園に積極的に招き、園に近い博物館・植物
園・動物園・昆虫館・大学などの施設と交流を深め、園庭環境や
飼育や栽培や散歩のあり方について意見をもらったり、一緒に考
えたりしてみよう。

56 同じ地域の園で生態系に関
する情報の交換会を開いて
みよう

たいていの場合、ご近所の園とは
似たような生態系であるはず。どん
な植物を育てているか、どんな虫が
やってくるか、季節によってどのお
散歩コースにどんな生き物がいるか、
情報を交換してみよう。地域の生態
系の要点が見えてくるはず。

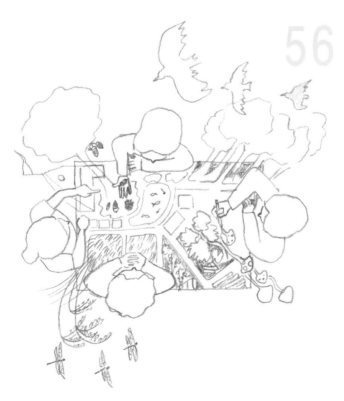

57 自然環境が豊かな地域であれば、山林や田んぼにも手を出してみない？

園の周りが自然環境豊かな場合、園として山林を整備したり、田んぼを耕作してみたりしてはいかが？　いろいろな生き物に出合ったあの森の木から園の家具ができたり、そこで育ったお米を食べたり、きっと大人も子どもも生態系の中で生かされている感覚がわかりやすいはず。

58 大人だけで生態系の妙を感じられる機会をつくってみてはいかが

生き物同士のつながりや環境とのつながりが見えてくると、落ち葉1枚、イモムシ1匹が違って見えてくる。好き嫌いを超えて園にかかわる大人たちが、山や森や川や海で豊かな体験をすることも大切だ。生態系の妙に気付かせてくれる専門家をお願いしてみるのもいい。

未来をつくる言葉

" 在ってくれること、居てくれることに価値がある！"

自然を「活用する」視点は大切。でも、例えばスズメバチのような、ヒトにとって一見不都合に思われる生命も居ることで、畑の野菜についた虫が適度に抑えられていることもある。「居てくれること」にも価値があるんだね。

" つながりができればできるほど当事者になってゆく"

生き物について、現象について、学ぶことを考えるよりも、つながりを増やすことを考えてみよう。そのつながりの中で私たちヒトも生きているという感覚を養うことが大切なんだ。

"都市環境であっても、小さな生態系はつくれるし、丁寧にかかわって楽しめる"

都市環境だから生態系を感じることはできない？　いいえ、狭いベランダ空間でもやり方次第では、小さくて豊かな生態系をつくることができる。諦めずに小さくたくさん実践してみよう！

" 日々の生活の中に、たくさんの生き物が入っているのがわかりやすい "

園庭の隅に小さなビオトープを作るだけが実践ではない。食べたり、散歩に出かけたり、窓から外を眺めたり……。毎日の当たり前の中で、出合う生き物の種類や数を増やせないだろうか。

" 「体感」「実感」がキーワード "

「生命のつながり」「食物連鎖」。こういった地球の大切な原理原則を、映像プログラムや本だけで理解することは難しい。やっぱり、喜びや悲しみなど感情の動きを含め、実感を伴って理解することが大切。

この章を作るヒントをくださった方　　　小菅江美 さん　｜　認定こども園森のこども園てくてく
　　　　　　　　　　　　　　　　　　　宮城正昇 さん　｜　世田谷区立希望丘保育園
　　　　　　　　　　　　　　　　　　　加藤宏昌 さん　｜　世田谷区立希望丘保育園

多様な性のあり方や生き方を
認め合える園になろう

今、世界中で「D&I（ダイバーシティ&インクルージョン；多様性と受容性）」を大切にする動きが盛んです。これは世界規模の問題が山積する中、これまでと異なる視点や経験をもつ人の声にもっと耳を傾け、力を合わせ、問題を解決してゆこうということでもあります。多様性というのは、性別・年齢・人種・国籍・障害の有無・性的指向・宗教・信条・価値観など。2023 年発表の日本のジェンダーギャップ（男女格差）指数は、146

性に関する当たり前や固定観念を問い直そう

その人らしさを積極的に見出し、認め合うコミュニティを目指そう

もっと一人ひとりが活躍できる社会を想像しよう

か国中 125 位。この国は性別や性的指向の多様性を認め合うことがとても苦手です。性による社会的・文化的差別が原因で、ある人の生き方が狭まることは、回り回って私たち社会全体の損失になります。これまでの慣習にとらわれず、性の多様性に気付き、認め合い、性別の壁を破り、一人ひとりが活躍できる社会をつくってゆく必要があり、それは園も保育も例外ではありません。

<参考文献>　世界経済フォーラム「Global Gender Gap Report 2023」、2023年6月

59 私自身を"まるっと"好きでいられる感覚を育もう

私の体のいろんな特徴、ほかの人と違っているところ、そんなことに少しずつ気付きながら、私の体を好きになって大切にできる感覚こそ幼い時期に育みたい。一足飛びに互いの違いを認め合うというところを目指さないで、まずは「私っていいな」と丁寧に感じたい。

60 ジェンダー関連の書籍やDVDなどを気軽に手に取れるところに置いてみては？

ジェンダー平等についての学びというと、正解があるように思いがちだけれど、実際はケーススタディが大切。いろんな切り口の文章や発言に出合うことが大切なんだ。職員や保護者が、気軽に本やDVDなどを園で借りて読んだり観たりできるというのはどう？

61　ジェンダーに関するイベントや外部研修に積極的に参加してみよう

たくさんの書籍や映像よりも、実際に性に対して多様な価値観をもつ人たちと交流できる1回の機会が与えてくれるものは大きい。保育者向けの研修である必要はなく、性の多様性をちゃんと自分の体で感じて理解できることが何よりも大切なこと。

62　「多様性」や「自分らしさ」がテーマの絵本、みんなで読んでみない？

「幼い人も大人も園にかかわるみんなが共通に気軽に出合えるものって？」と考えると、やっぱり絵本。ジェンダー平等がテーマでなくても、「多様性」や「自分らしさ」がテーマの絵本はたくさんある。それぞれどんな感想が出てきたのか、ちゃんとシェアしたい。

63 遊びや日々の保育の何気ない 一場面から考え、実践してみよう

「男の子はこっち、女の子はこっちね」という何気ない発言。その発言が良い悪いではなくて、例えばそれに困っている人はいないんだろうか？　それ以外の言い方だとどんな言い方があるんだろうか？　日常の保育の場面を「性の多様性」の視点から考えてみよう。

64 園の部屋や設備の配置を多様な視点と豊かな 想像力で見直してみよう

よく言われるところでは、トイレや更衣室。ちょっと細かなところでは、保育者の紹介ボードや靴箱の札の色なんていう事例だってある。大工事でなくても、小さな工夫で気持ちが楽になる人もいる。決めてかからずに、「こうかな？　ああかな？」と想像するのがポイントだ。

65 職員の会議や研修、就業規則なども、多様な視点で見直してみよう

会議や行事の進め方の慣習や、職員の宿泊研修の部屋割りや、就業規則の内容なんかも、「こういう人にとってはどうなんだろう？」って「性の多様性」の視点から見直してみよう。業界の垣根を越えて、先進的な取り組みをしている企業を参考にするのもオススメ。

ちゃんと言えてる？

66 伝統行事のあり方を題材に考えてみよう

ひな祭りや端午の節句などの伝統行事は、性の多様性を園で考える良いきっかけ。伝統行事を大切に引き継ぎつつも、性のグラデーションによる参加のあり方を考えたり、性的にマイノリティとなる人も含んだ楽しみ方を、正解を求めずにみんなで考えたりしたい。

未来をつくる言葉

" 無意識に人を傷つけていることって、だれにでもあるんだよ "

「無意識の思い込み」はだれにでもある。私が思い込んでいる性の当たり前が、実は近しいある人をとても傷つけていることだってある。そんなふうに考えるところがスタート。

" 知らなかったで済まされるのは違うけれど、知らないことを責めるのも違う "

ジェンダー平等の実現にこだわりすぎて、対立や分断を生んでしまっては元も子もないよね。「いろんな人が豊かに生きられる社会って?」と、みんなで考え続けることが大切なんだよ。

" 職員だけで頑張って取り組んでも、地域や家庭と分かち合えないと難しい "

個人の性に関することを広く伝えることって難しい。でも守ろうとして閉鎖的になりすぎても何も変わらない。談話形式なんかで保護者や地域の人ともざっくばらんに分かち合いたい。

" これって、つまりは人権の話でもあるんだよね "

性のことはもちろん、体の特徴や抱える病、国籍の違いなど、そのようなことが原因で能力が発揮できなかったり、強い疎外感を感じたりするようなことをなくしていきたいってことだよ。

" 人に話しにくい話を話せる関係性こそが大切なんだよね "

学んで活かそうとするチーム、それは大事。でもそれ以上に、ほかの多数の人とは違うこと、これまでに疎外感を抱いてきたこと、そんなことをポロッと言えるような、そんなチームでありたいよね。

この章を作るヒントをくださった方　　　曽木書代 さん　|　陽だまりの丘保育園
　　　　　　　　　　　　　　　　　　　髙野真智子 さん　|　杉並たかいどいちご保育園

[地球1つ分の暮らし]

5つのP（P.51）のうち、地球環境に関するSDGsのゴール（12、13、14、15）を束ねたのがPlanet（地球）です。文章を要約すると「持続可能な消費および生産、天然資源の持続可能な管理ならびに気候変動に関する緊急の行動をとる」とあります。最も大切なのは「つくる責任つかう責任」のゴール12です。これは生産者だけでなく生活者である私たちの暮らしで「フードロス」「廃棄物処理」「リサイクル」「環境教育」などによって未来にツケを残さない"地球1つ分の暮らし"を実現すること。「気候変動に具体的な対策を」のゴール13は、脱炭素社会を目指し"未来の命を守る"ための「緩和策」と、気候災害から"今の命を守る"ための「適応策」の2つ。そして「海の豊かさを守ろう」のゴール14と「陸の豊かさも守ろう」のゴール15の日本語は、"海を"そして"陸も"という意図が込められたもので、海洋汚染であるプラゴミ回収は喫緊の課題ですが、"地球1つ分の暮らし"で解決していくことが鍵ですね。

[持続可能な開発]
(Sustainable Development)

国連憲章の目的の第一は「国際の平和及び安全を維持すること」です。5つのPのPeace。この文章を要約すると「平和なくしては持続可能な開発はあり得ず、持続可能な開発なくして平和もあり得ない」とあります。この持続可能な開発（Sustainable Development）という言葉は、1983年に設置された環境と開発に関する世界委員会が、国連総会に宛てた報告書『我ら共有の未来（Our Common Future）』で、「将来の世代の欲求を満たしつつ、現在の世代の欲求も満足させるような開発」という新たな概念として提唱したもの。これに続いて「現在と将来の世代の欲求を満たせるだけの環境の能力の限界は、技術や社会的組織のあり方によって規定される」と記されていることが重要です。つまり、現在世代の生活様式によって、将来世代の環境は変化するということ。そこで僕はもう少し踏み込んで、「持続可能な開発とは、将来の世代の欲求を満たすため、現在の世代は欲求を満たしつつ、将来の世代への責任も果たすこと」と意訳しています。

参考文献
川廷昌弘（2022）「企業における環境コミュニケーションからSDGsコミュニケーションへの意識と行動変容モデルの解析」筑波大学博士学位論文

川廷昌弘（かわてい　まさひろ）
1963年兵庫県芦屋市生まれ。Good Story Lab.。SDGsアイコン日本語化など国内のSDGsコミュニケーション領域の第一人者。主な委嘱にSDGs円卓会議環境分科会構成員、神奈川県SDGs推進担当顧問など。日本写真家協会（JPS）会員。博士（環境学）。

園発！　ゴミをめぐるあの手この手

1960年代以降、経済成長と技術革新により大量生産と市場拡大が進みました。私たちはいつでもどこでも大量消費することが可能となり、便利・快適な暮らしを手に入れました。その一方で、大量の廃棄という問題も生み出しました。大量のゴミを焼却することで温室効果ガスは増え、分解が難しいプラスチックゴミが川や海や空気中に大量に残ることで環境の汚染が進んでいます。そんな時代、園でも大人が率先して循環型の経済や暮らしを意識的に実践することで、幼い人に大量廃棄を生まない社会に生きる感覚が育まれてゆくのではないでしょうか。

羅針盤 未来はこの先に

幼い人と一緒に丁寧な暮らしをしよう

ヒトにも地球にもやさしい消費をしよう

廃棄で終わらせず、小さな循環をいくつもつくり出そう

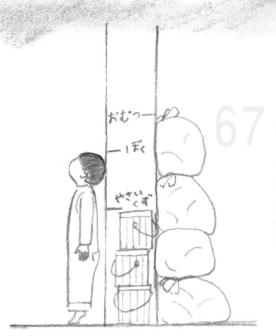

67 とにかく「ゴミ」と呼んでいるものは、徹底的に計測してみよう

ゴミがどれくらい出ているのか？　増えているのか？　多くの場合、それがハッキリしていない。大人も子どもも一緒になって計測してみて、知ることから始めよう。うちの園から出ているゴミの中でいちばん多いものは何だろう？

68 園で使っているものの行く末を、話し合ってみよう

プランター、三輪車、飼育ケース……。割れたり壊れたりしたら、どうなるんだろう？　指定のゴミとして出したら目の前からは消える？　では、その先はどこへ行くんだろう？　時には立ち止まって考えてみよう。

69 買い替えよりも、修理して使うことを楽しんじゃおう

代わりのものや新しいものを買うことが第1の選択肢ではなくて、修理を第1の選択肢にしてみよう。保護者の方や、地域の方に、お裁縫上手な方や機械いじりが好きな方がおられたら、修理をお願いするのもいいかも。

だいじょうぶだよ

70 園が交換や「分かち合いの経済」のセンターになってもいいね

園や家庭で使わなくなったもの、たくさん作っちゃったものなんかを、園に持ち寄って交換したり、分け合ったり。園の関係者だけでなく、地域の方も巻き込んで「捨てる」が「使いたい」に変わるといいね。

交換できます

71 コンポスターは何種類かあってもいい

野菜の切り屑や、給食の食べ残し、動物の糞、落ち葉、すべてが1つのコンポスターに入らなくてもいい。幼い人がいつもかかわれるもの、大人が中心になってかかわるもの、複数のコンポスターでいろんなやり方を試すことでベターな循環が生まれる。

72 小さくてもいい。「循環」にたくさん出合いたい

屋外の水場で使った水が、ビオトープの池やミニ田んぼに流れ込む。老朽化した手作り遊具の木材が豚汁を作る薪となり、灰は園の菜園やプランターに入る。そんなささやかなつながりを1つでも多く、幼い人たちが出合えるようにデザインしてみよう。

73 STOP!
それ、買う前に立ち止まって考えてみよう

その商品を買うためのもっともな理由はいつもいっぱいある。
でも、もう一度考えてみよう。ちょっと値段は高くなるけれど
長く使えるものはないかな？　大地に還る素材から作られて
いるものはないかな？　そもそも買わないで済むんじゃない
かな？

土になる？

74 園で共同購入して、地域で分かち合おう

野菜や果物や調味料などの食品、洗剤やトイレットペーパーなど
の日用品。園で一括して購入することで、包装や容器のゴミを減
らせたりしないだろうか。職員や保護者だけで分かち合うのが
難しい場合、地域の人にも声をかけてみてはどうだろう？

未来をつくる言葉

" 「ゴミ」って言わなきゃいいんじゃない？ "

「ゴミ」と呼んで、業者に処理をお願いするという、これまでの当たり前から少しでも変わりたい。その第一歩は「ゴミ」と呼ばないで、再利用するもの、循環するものだと認識すること。

" 使い捨てのものを減らしてみると、暮らしが変わってゆく "

暮らしを丁寧にと言われても、何から始めたらいいんだろう？　まずは、園にある使い捨てのものを減らしたり、ほかのものに置き換えてみたりしたら、少しずつ変わり始めるかも。

" 園が小さな島にある自分の大切なお家だと考えると、循環する仕組みをつくりたくなる "

「循環」って何だか難しく感じて手が出にくいかもしれないけれど、こんなふうに考えてみると、「ゴミ袋に詰めて外に出す」ではなく、「コンポスターとかあるといいな」って思える。

" SDGsが浸透してきた今がチャンス！だと思う "

今までは、「保育」と関係ないんじゃないのって思われがちだった「ゴミ」のこと、「循環」のこと。これからの時代を考えると、循環のデザインの中で育つことって本当に大切！

" ゴミ拾いって対症療法なんだよね "

ゴミ拾いのアクションも大切。でも、幼い人と本当に分かち合いたい大切さはそこじゃない。モノを大切にすること、ぐるぐると循環することの素晴らしさ、そんなことこそ分かち合いたい！

この章を作るヒントをくださった方　　　　　矢尾千比呂 さん ｜ ハルムこどもえん

ESDの専門家が今、保育者に伝えたいキーワード

1

ESDとは：地球のありとあらゆる生命がこれからもずっと生き生きとし続けられるよう、問題解決につながるような新たな価値観や行動変容をもたらすために行う教育。

［ESD］

ESDは一般的には「持続可能な開発のための教育」という訳が使われますが、いろいろな意訳が用いられてきました。「持続可能な未来に向けた学習」や「ずっと地球とともにあるための学び」「将来世代のニーズを満たすことを損なうことなく、現代世代のニーズを満たすような社会づくりのための教育」など、その表し方は実に多彩です。

では、その本質は何でしょう。国際政治学者の坂本義和さんの言葉を借りるなら、その教育は「問題の地球性と問題意識の地球化」[*]の時代の落とし子である、ということになります。気候危機による自然災害や新型ウイルスによるパンデミックなど、地球規模の課題を皮膚感覚で実感するようになった現代社会に生きる私たちは、保育・教育を通してそれらに対応したり未然に防いだりすることが期待されているのです。

国際的には日本の提唱により、「国連ESDの10年」が2005年から始まり、その後に誕生したSDGsを実現するための教育として国連でも認められました。現在は「ESD for 2030」というグローバルな枠組みの中で、より持続可能な未来に向けて人々の価値観や行動、ライフスタイルに変容をもたらす教育として期待されています。また日本でも幼稚園教育要領（前文）に「これからの幼稚園には（中略）持続可能な社会の創り手となることができるようにするための基礎を培うことが求められる」と明記されており、ESDの重要性が示されています。

[*]　出典：坂本義和『地球時代の国際政治』岩波書店、1990年

［ホール・キンダーガーテン・アプローチ］
（園まるごとSDGs）

現代ではインターネットで世界中の情報にアクセスできるようになった一方で、知識は断片化したという批判もなされています。こうした傾向に対して、ESDには、WIA（ホール・インスティテューション・アプローチ）という手法が推奨されており、学校の場合はホール・スクール・アプローチ、地域社会の場合はホール・コミュニティ・アプローチ、幼稚園の場合はホール・キンダーガーテン・アプローチと呼ばれています。一言でいうなら、「学校・地域・園まるごとSDGs」。つまり、学校・地域・幼稚園の時空のどこを切り取っても持続可能な未来が見えてくるような手法であり、校内や園内の食・エネルギー・ゴミ（プラスチック等）・消費などを持続可能性の観点から見直すアプローチです。具体的には、園内で提供される食をオーガニックにしたり、エネルギーを太陽光などの自然（再生）エネルギーにしたり、プラスチック製品を減らしたり購入しないようにしたりすることで持続可能な暮らしを次世代が実際に体験し、よりサスティナブルな未来に向けて価値観・行動・ライフスタイルを変えていくことが目指されています。

「ESDの専門家が今、保育者に伝えたいキーワード2」はP.91

永田佳之（ながた　よしゆき）
1962年生まれ。聖心女子大学現代教養学部教育学科教授／聖心グローバル共生研究所副所長。「国連ESDの10年」モニタリング評価専門家委員会委員、ユネスコ／日本ESD賞国際審査委員会委員、日本国際理解教育学会会長などを歴任。

09 人権

園にかかわる
一人ひとりが輝くために

人口や人同士の交流が増え、多くの争いや苦しみを経て、テクノロジーや制度が複雑になるにつれて、人の社会を平和に維持してゆくには「権利」が大切だと考えられるようになりました。中でも、人が人であるために必要な権利を意味する「人権」は重要な権利だと考えられています。どれだけ幼くても、1人の人として権利を有するという考え方も今は当たり前のことです。今後社会がさらに進めば、これまで以上に人権は重要であると考えられるようになるでしょう。

羅針盤 未来はこの先に

一人ひとりの「違い」をポジティブに捉えよう

幼い人はもちろん、園にかかわるすべての人を尊重しよう

条約や法令に縛られすぎず、権利を自分ごととして理解しよう

75 今日見つけたその人のすてきなところ、毎日ちょっとずつ話し合ってみよう

私たち一人ひとりは違うもの同士、違うところだらけ。それは言い方を変えれば、大人も子どももその人のすてきなところだらけ。大人・子どもに関係なく、○○さんのすてきなところ、ちょっとでいいから毎日話す時間つくってみない？

76 一見ネガティブに見える言動から、その子の良さだとかポジティブな意味を見出してみよう

私たちは保育者と言っても1人の人なわけだから、やっぱり目の前の幼い人の言動をネガティブに捉えて困ってしまう時がある。だからできるだけ違う視点の人が集まって、その言動にポジティブな意味づけができないか話し合ってみよう。

まっててね!

77 幼い人が今やっていることの、ちょっと先を想像してみよう

「止めるか、見守るか」そんな二極の方法論ではなく、いったん深呼吸してみて、今その人がやっていることがどういう意味があるか、ちょっと想像してみよう。「私」には一見不都合に思えたことも、実はとても豊かな物語につながっていたりするかも。

78 良い悪いではなく、時々は大人も子どものように遊んでみる

幼い人のことを理解しよう、大切にしようと論じ合っているだけでは、本質の理解は難しいかも。ものは試し、子どものように思いっ切り散らかしたり、破いてみたり、泥だらけになったりしてみると、「子どもが遊ぶ権利」を身に染みて理解できるかも。

79 遠回りのように思えても、まずは親のあるがままを受け入れよう

目の前の幼い人を抱きしめ、言葉をかけてあげることが大切なのはもっとも。でも、それと同じくらいに大切なのは、お父さんやお母さんを抱きしめたり、言葉をかけたりすることかも。そんな風土の園でこそ、幼い人一人ひとりが尊重されるのではないだろうか。

80 目の前の1人の声に徹底的に耳を傾ける余裕をみんなでつくり出そう

幼い人でも、お母さんでも、保育者でもいい。目の前のだれかさん、1人の声に耳を傾ける時間と体が確保できるように、チームで意識してみてはどうだろう。目の前の1人の声に徹底的に耳を傾けることは「尊重」の原点なのだから。

81 法令や条約などの文章を、自分たちに思いっ切り引きつけて読んでみよう

日本国憲法・こども基本法・子どもの権利条約……。学ぶことは大切。でも、ただ知るだけでは、結局目の前の幼い人たちにはつながっていないかも。一度に学べる分量は少なくても、目の前の幼い人の姿や、うちの園の取り組みに当てはめて読んでみよう。

82 人権という感覚を自分ごとにするような勉強会を開いてみよう

だれでも失言はあるし、だれかを傷つけるような行為をしてしまうこともある。だからこそ人権という知識ではなく、「人権という感覚」を大切にしたい。相手の話に耳を傾けてその気持ちを想像するワークなど、感覚を洗練するような機会をもつようにしてみてはいかが。

83

「思い込みによる失敗」を開けっぴろげに話し合える機会をつくろう

人権に関する問題の原因で多いのが「思い込み」。でも、これはだれにでもあり得ること。相手に対する間違った思い込みで傷つけてしまったこと、つい隠したくなっちゃうけど、隠してしまわずに、ケーススタディにできるといいね。

84

誤解を恐れず言えば、園に集う人の「我がまま」を大切にしよう

「我がまま」って何だろう？　その人の「あるがまま」と考えるのだとすれば、その人の「あるがまま」が大切にされるって、人権の原点なんじゃないだろうか。園長も新人もパートタイマーもお母さんも赤ちゃんも、みんなの「我がまま」を大切にできる工夫、やってみませんか？

未来をつくる言葉

" ちゃんと、子どもを楽しもうよ！"

「権利があることを踏まえて」「適切であるように」保育をしようとするよりも、まずは幼い人の言動をポジティブに捉えられる私でありたい。そこが幼い人を尊重する出発点だ。

" あるべき姿ではなく、あるがままの姿を引き受けることでしか、健やかな育ちは実現しないよね "

「こんな姿に育ってほしい」「そのためにはこうかかわろう」。それはもっともなんだけれど、生まれてきたその人の今の姿を大切にしないで、この先の姿の話はあり得ない。

"「役割関係」よりも「信頼関係」に重きを置きたいね "

「保育者だからこうしなきゃ」。それももっともなんだけれど、権利の話はもっと根本のお話。まずは、こんな私と、そんなあなたが認め合えて、したり、してもらったりするんだよね。

" 子どもが守られるというのは、その人のネガティブな部分が守られないとね "

私たちはだれだってうまくできないことだらけ。幼い人となればなおさら。ネガティブなところをちゃんと受け入れて大丈夫だよって言ってもらえるから、みんなの中でやってゆけるようになる。

"私のあるがままを尊重されない限り、相手のあるがままを尊重することはできない"

相手のいろんなところを尊重しよう、しようと、考えすぎると難しくなっちゃう。だれかに私のいろんなところを尊重されていることに気付けていることが大切なのかもね。

この章を作る
ヒントをくださった方　　柴田愛子 さん　｜　りんごの木子どもクラブ

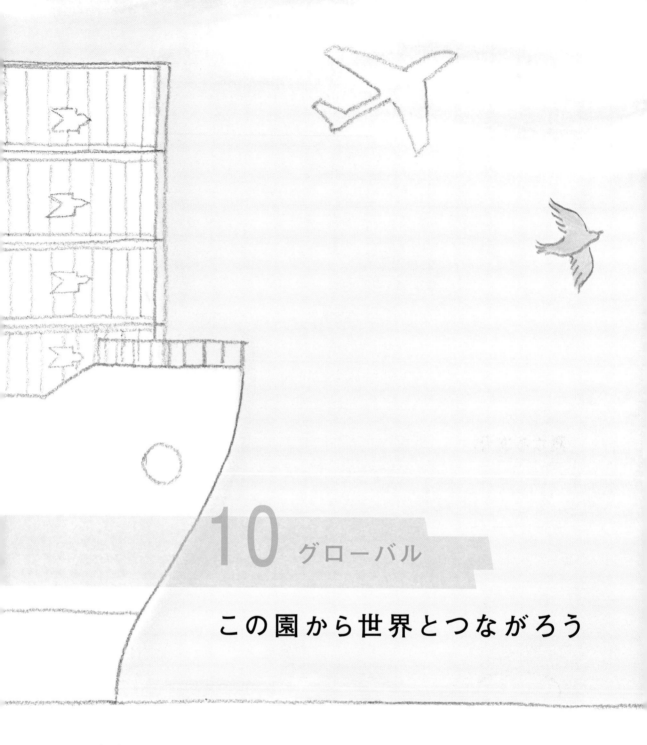

10 グローバル

この園から世界とつながろう

50年前に比べると世界の人口は倍増し、今や世界の多くの国や地域の人が衣食住に関するものを、身近なところからだけでなく、遠いところからも選んだり頼ったりするようになっています。通信や情報共有の技術も大きく変化し、国境を超えて一緒に仕事をすることが進んでいます。また、世界規模で考えなければならない問題も増えているのです。そのようなわけで、文化が異なる人同士が互いを認め合い、同じ目的に向けて一緒に行動することがとても大切になってきているといえます。

羅針盤　未来はこの先に

好むと好まざると、
　グローバルな社会に生きていることを理解しよう

異なる文化背景の人と共に生きる日常を豊かにしてゆこう

「相手の良さ」と「私の良さ」、バランス良く理解しよう

あなたの国からやってきた

わたしの国からやってきた

85 今どれだけ世界とつながっているのか、職員で話し合ってみよう

私たちが衣食住を通してどれだけ世界とつながっているかを話し合ってみよう。あまりの多さに驚くかもしれない。遠くの国や地域とのつながりが今後も加速することのポジティブな面とネガティブな面についても気楽に話し合ってみよう。

86 まずは自分たちの家族や友人、知人とつながるところから始めよう

いきなりどこかの国の知らないだれかさんとつながることを考えるのではなくて、「職員の〇〇さんの家族が留学してるよ」とか、「〇〇さんのお父さんがあの国の人なんだって」というところから、自分たちとは異なる文化と気軽につながってみよう。

87 日本の当たり前の文化を地域在住の外国の方に体験してもらおう

自分たちとは異なる文化のことを「知ろう」「学ぼう」とするだけでなく、自分たちの文化を紹介したり伝えたりすることだって、とても大切。文化が異なる人同士が、互いに自分のことを伝え合おうとする「感じ」にふれることが大切なんだ。

88 地域活動として、多文化カフェを開いてみてはいかが？

園の子育て支援などのスペースや園庭などで、市区町村が主催しているような多文化交流の場を、思い切って園で開いてみるのはどうだろう。園の敷地内で、様々な国や地域の音楽や料理を通した交流が行われていると、園に自然と多文化を理解する基盤ができてゆく。

89 国外ばかりではなく、国内の固有で貴重な文化ともつながろう

国内にも、しかも身近にも、外国籍の方がたくさん居住される地域や、アイヌ文化に代表されるような固有で貴重な文化が残る地域もある。そのような地域とつながることで、多様な文化を身近に感じる第一歩が生まれるかもしれない。

90 場合に応じてオンラインツールを積極的に活用しよう

近くにも異文化はあるし、国籍の異なる人との出会いややり取りもある。でも、普通はそういうものは距離的に遠くにある。遠くとオンラインツールでつながることが当たり前の時代、上手に使いたい。ただし、つながりにくい遠くを想像するというアプローチもセットでお忘れなく。また、同じテーマを遠方の人たちと共有することで、想いを共有することにつながる。

91 外国の方々に園で働いてもらえるように
工夫してみよう

外国籍で日本で保育にあたる資格をもたれている方
はまだまだ少ないが、調理や用務や事務など園の仕
事で担当してもらえることはいろいろある。外国籍の
スタッフとの日頃の協働そのものが、異文化や多文化
共生への理解を深め、共感性や当事者性を高めるた
めの最も効果的な第一歩なのかもしれない。

92 様々な文化をもつ人たちが理解しやすい保育
環境も意識してみよう

外国籍の方がたくさん住まれたり働かれたりしている地域の
園であれば、ユニバーサルなおもちゃや保育環境を増やして
みることも大切。そうすることで、外国籍の保護者の方の安
心感も増すかもしれない。

未来をつくる言葉

" 他の文化があることを知るだけではなく、他の文化と共生するセンスを育みたい "

グローバルな時代は情報があふれている。だから、どうしても「知る」ことに偏りがちになる。意識していたいのは「共に生きてゆく感じ」を身につけてゆくこと。

" 外国とつながっている意識よりも、○○さんとつながっている意識なんだ "

ゆくゆくは会ったこともない人たちの立場を想像できるようになることが大切。そのためにも、まずは身近な○○さんとふれ合い、親しむことから始めたいよね。

" ステレオタイプな「国際交流」から解放されたほうがいいよね "

世界が「近く」なっている現在の状況は、今の大人が幼かった頃とは全く違う。いわゆるこういうことが「国際交流」なんだという思い込みから、まずは私たち大人が解放されなきゃ。

" 言語がわからなくても、伝え合いたいと思えればいい "

まずは、異言語を話す者同士が認め合える「感覚」を育みたい。外国語を習得するということにとらわれず、外国籍の人と何かを伝え合いたくなるような機会を多くもてたらいいね。

" グローバルな感覚が大切な時代だけれど、ローカルで生きる感覚だって大切 "

グローバルな時代に対応できるようにしたいけれど、衣食住がグローバル化すればするほど地球環境への影響も大きくなる。ローカルに生きることだって、今以上に大切にしたい。

この章を作るヒントをくださった方　　　　　　齋藤祐善 さん　|　学校法人正和学園
　　　　　　　　　　　　　　　　　　　　　　大崎志保 さん　|　正和幼稚園

ESDの専門家が今、保育者に伝えたいキーワード

[ハーモニーの教育]

英国国王のチャールズ3世は皇太子の時代から環境問題に強い関心を示し、実際にその解決に向けて様々な手立てを講じたり、動植物の保護運動などを牽引したりしてきました。2010年にチャールズ皇太子（当時）は『ハーモニー：私たちの世界の新たな見方』という大著を世に出して以来、これからの世の中は森などの自然界に見られるハーモニーの諸原則、すなわち多様性や循環、相互依存などが建築や医療、都市設計など、あらゆる分野で重要になると主張しています。

もちろん教育も例外ではなく、ハーモニー原則を積極的に取り入れた幼稚園や学校が英国内外で見られるようになりました。これらの園や学校の子どもたちは、自然界の循環や多様性をプロジェクトなどを通して体験的に学び、人間は自然の一部であり、人間そのものが自然であることを学んでいます。

近年では、チャールズ国王のこうした構想を著した絵本『未来をつくるのはわたしたち』も刊行されました。SDGsで重視されている持続可能な開発の基盤となる感性や素養を習得するには子ども時代こそが重要であることが伝わる作品となっており、絵本を読んで子どもと共に望ましい未来を一緒に描いてみることを、国王自身も推奨しています。

[生涯幼稚園]
ライフロング・キンダーガーテン

過去1,000年の人類史で最も偉大な発明は幼稚園である —— このように断言するのはマサチューセッツ工科大学のメディアラボ教授のミッチェル・レズニック教授です。彼は、学校のように教室で教える先生が教えられる生徒に一方向的に伝達するようなブロードキャスト方式が世界中の学校で広まってしまったことを批判的に捉え、幼稚園に見習って「4つのP」を大切にする「生涯幼稚園（ライフロング・キンダーガーテン）」を提唱しています。「4つのP」とは、遊び（play）ながら学び、プロジェクト（projects）を通して情熱（passion）をもって創作を楽しんだり、問題解決をしたり、仲間（peers）と共に取り組みながら学び合うことを指します。

レズニックの主張する「生涯幼稚園」は、幼稚園が小学校から大学、いやその後の生涯にわたる人間の学びのモデルであるという主張でもあります。こうした学びで大切なのは関心や好奇心です。好奇心によって学びは自ずと深められていくのであり、そうした体験は、近年強調されているアクティブ・ラーニングの基盤形成に寄与するといえるでしょう。

参考文献
リチャード・ダン著、永田佳之監修・監訳（2020）『ハーモニーの教育：ポスト・コロナ時代における世界の新たな見方と学び方』山川出版社
クリストファー・ロイド作、イギリス国王チャールズ3世序文、永田佳之訳（2023）『未来をつくるのはわたしたち：自然、人、地球をまもるおやくそく』山川出版社
ミッチェル・レズニック・村井裕実子・阿部和広著、ケン・ロビンソン序文、酒匂寛訳、伊藤穣一日本語版序文（2018）
『ライフロング・キンダーガーテン：創造的思考力を育む4つの原則』日経BP社

永田佳之（ながた　よしゆき）
1962年生まれ。聖心女子大学現代教養学部教育学科教授／聖心グローバル共生研究所副所長。「国連ESDの10年」モニタリング評価専門家委員会委員、ユネスコ／日本ESD賞国際審査委員会委員、日本国際理解教育学会会長などを歴任。

11 平和

園から平和な世界の実現への一歩を

羅針盤 未来はこの先に

自分ではない人のことを想いたくなる

少数派がいつも居心地よくいられる

互いの異質さを受け入れ、認め合う

2023年1月に発表された「終末時計」は、世界の終末まであと90秒。これは1947年の開設以来最も危機的な数値となっています。戦争やテロ行為などの大きな暴力のニュースを前に、私たちは無力さを感じがちです。でも、まずは身近な園や地域で暴力や虐待をなくし、意見の異なる相手と話し合い、認め合うことを当たり前のこととして取り組むことが大切です。幼い人の笑顔や存在は平和の象徴だといわれます。そんな幼い人たちの集まって来る園が、平和の実現へ向けた小さな歩みを実践していることは、その地域で暮らす人にとっても大きな価値あることです。

＜参考文献＞　Gayle Spinazze (2023) "Doomsday Clock set at 90 seconds to midnight" Bulletin of the Atomic Scientists.

93 「自分が愛されている存在だ」と、園のみんなが感じられるようにしよう

他者を大切に思う原点は、自分自身の存在が「愛されている」と感じること。あなたがかけがえのない存在なのだと大切にされることが、他者のことを自分ごとのように大切にすることにつながってゆく。これは、幼い人だけでなく、大人だってそう！

94 とことん話し合って解決しよう

面倒でも非効率的でも、力でコントロールするのではなく、また、形ばかりの多数決でもなく、話し合って解決するプロセスにこだわろう。これは幼い人のぶつかり合いの場面だけでなく、園での意思決定のすべての場面にいえること。

ねえ ねえ

95 地域独自の伝統や文化を大切にしよう

園がある地域独自の伝統や文化に親しんで、大切につないでゆくことは、自分の生まれてきた世界を大切に思い、維持し続けてゆきたいと思うことと大きく関係がある。

96 自分とは異なる地域の伝統や文化も尊重しよう

自分の生まれてきた世界を大切にする一方で、自分たちとは全く異なる伝統や文化の素晴らしさにふれることは、異なる人たちとつながり、広い世界を大切に思い、維持し続けてゆきたいと思うことと大きく関係がある。

97 平和を願ったり、祈ったり、想いをひとつにすることを大切にしよう

特定の信仰に基づいた慣習だけではなく、日常的に平和な世界の実現を願ったり祈ったりしよう。安穏を願ったり、幸せに感謝して、みんなで歌ってみたり、踊ってみたりすることも平和の感覚を育む上で大切。

98 チームでスタディ・ツアーに出かけよう

戦争やテロなど大きな暴力を前にすると、私たちは無力さを感じる。でも、まずできることは「知ること」。スタディ・ツアーに出かけたり、ドキュメンタリー映画を見たり、保育のチーム単位で「知ること」がはじめの一歩。

99 戦争を語り続けよう

未来への希望だけでなく、過去の悲しみや苦しみを想像して語り続けることも、平和を維持し続けてゆくためには大切。戦争体験を題材にした絵本を、大人・子どもみんなで囲めることは、実はとても貴重な機会。

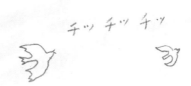

100 戦争のない世界ってどういう世界？ 語り合ってみよう

未来への希望をとことん語り合うことも大切。民族間の対立や安全保障の枠組み、戦争と経済など、気を張りすぎずフェアに語り合うことで、私たち大人が戦争のない世界をちゃんと想像してみよう。

101 園から始まるお金の流れを見直してみよう

私たちが預けたり、決済したりするお金の流れが、貧困や格差を生み出し、争いの原因になることもある。兵器製造への投資につながることもある。よく調べて、預けたり、決済したりすることは、今日からでもできること。

102 政治に興味をもち、政治に参加しよう

権力がひとところに集中することは平和な社会の実現には大きな障壁。そうならないために、今の大人ができることの中でも政治への参加が果たす役割は大きい。政治への無関心は、間接的に目の前の幼い人の平和を奪うことでもある。

未来をつくる言葉

" 幼い人の素直な言葉や行動の中にこそ「平和」への道が見える "

「花が咲いたよ!」「おいしいね」「これ、あげる」。幼い人が心地よかったり、うれしく感じたり、だれかのためにしているその姿にこそ、私たちが描く平和な世界が見えるはず。

" 大人の私が「知ること」が大切なんだ "

幼い人に「平和って大切なんだよ」と教え込むことから解放されて、まずは私自身が問題を知り、平和って大切なんだと心から思えた体で、幼い人と毎日を過ごしてみたらどうだろう。

" 「幼い人の対話」を大切にすることから、平和をつくり出そう "

保育者と幼い人同士の対話を日常的にしてみよう。多様な意見を大切にしたり、身の回りの課題に折り合いをつけたり、自分たちのことを自分たちで決めることが平和な社会の実現に向けたはじめの一歩。

" 画面越しで見る人のことは、私の大切な人のこと "

スマホで簡単に多くの情報を得ることができる時代。尊い人命が失われていることも情報として扱われる。麻痺しちゃいけない。大切な人のことだと思って見て考えるようにしたい。

" 戦争は地球への最大の負荷 "

人の命は大切なのはもちろんだけど、戦争は人以外の命もたくさん奪い、大地や海や大気を汚染し、未来の人に傷つき汚れた大地や海や大気を残すことになる。

この章を作るヒントをくださった方

大瀬戸麻里恵 さん　|　鳩の森愛の詩瀬谷保育園
山﨑晃司 さん　|　鳩の森愛の詩瀬谷保育園
和田みずき さん　|　鳩の森愛の詩瀬谷保育園

テクノロジーとの関係を
豊かに生きられる園へ

わずかここ50年ほどの間に、私たちヒトは新たな技術を数多く開発してきました。その技術の中には、これまでのヒトの生き方を大きく変えるようなものも含まれます。そんな時代に生まれてきた私たちにとって、それらの技術は既にあるものです。しかし、幼い人にとっては身体性が学びのベースであることに変わりはありません。最新の科学技術にたどり着く手前のモノの仕組みや道具なども含めてテクノロジーであることを理解し、幼い人の学びを考えたいものです。それには、私たち大人が最新の技術に対して、常に問いを抱きながらもポジティブに付き合ってゆく姿勢が求められます。

羅針盤 未来はこの先に

ヒトが世界を広げてゆく時の手段としてテクノロジーを考えよう

テクノロジーとの関係を豊かに生きる感覚を育もう

新しいテクノロジーに対して、常に問いをもって親しんでゆこう

103 園という暮らしの場が豊かな体験の場である文化をつくろう

園に行くと、だれもが体を通して様々な体験ができる、そんな園にしよう。調理・掃除・修理・組み立て・栽培など、豊かに体を通して理解できていることがベースとなって、最新のテクノロジーを利用し理解できてゆくようになるのだから。

104 道具や作業やモノの仕組みに親しんで、暮らしが豊かになる感覚を育もう

ネジを締めたり、ノコギリで切ったり、そんな工程を経てモノが組み立てられ、動いたり機能したりして、暮らしが豊かになる感覚を育むことは、テクノロジーとの関係を健全に生きる感覚につながる。幼い人も大人も一緒になってやれたらいいね。

105　ハイテク機器も必要に応じて積極的に導入してみよう

ハイテク機器は、私たちヒトから何か大きなものを奪う可能性もある。でも、ヒトが生み出した問題の解決につながる可能性だって大いにある。園の暮らしの中で少しでも「必要」があるのであれば、まずは前向きに使ってみる積極性も大切だ。

106　場合によっては止める勇気をもつことも大切

ハイテク機器の導入によって、これまで園の暮らしの中で大切にしてきたことが損なわれることだってある。そんな時は、思い切って機器の利用を止めて、ちょっと様子を見てみよう。せっかく導入したからという理由だけで使い続けることはナンセンスだよね。

107 保育のサポートツールの良さと難しさについて話し合おう

保育だって、本来のヒトの力だけでなく、コンピューターや様々な動力などに頼って営む時代。そのツールを使うことで過剰な緊張から解放されて楽になったよねとか、そのツールを使うことでふれ合いが減って残念だねというように、ツールについて定期的にフェアに話し合おう。

トツトントン

108 子どもの遊びのサポートツールの良さと難しさについて話し合おう

タブレットやウェアラブルカメラ、3Dプリンター、電子顕微鏡など、そのツールを使うことで子どもの遊びがこんなふうに豊かになったとか、そのツールを使うことで遊びが広がらなかったなど、ツールと遊びの関係もちゃんとアセスメントしよう。

コレつくろう！

3D Printer

やっぱり 手作りが オモシロイ！

109 ICT化*することよりも、してみてどうなのかを、いつもみんなで確かめよう

ICT化してみたら、保育者間のコミュニケーションが円滑になったり、保護者や家庭とのコミュニケーションが豊かになったりしただろうか？　その検証こそが大切なところ。かえってコミュニケーションが貧しくなっている場合は、遠慮なく再アナログ化することだって大切。

*　ICT とは「Information and Communication Technology（情報通信技術）」の略。ICT 化とは情報通信技術を活用してコミュニケーションを円滑にし、業務の品質を向上させること。

こちらもいいけど

こちらのほうがおしゃべりが弾む

110 いつも大人の間で新しいテクノロジーを気にかけて話題にしたりふれてみたりしよう

現在のヒト社会に大きな影響を与えているテクノロジーについて知った上で、園に導入していない状況と、知らずに導入していない状況は異なる。良い・悪いの価値判断を超え、テクノロジーについて話したりふれたりすることは、これからの時代の学びや育ちを考える人にとって重要。

衛星インターネットって何がすごいの？

未来をつくる言葉

" 私たち大人がまずどう使えば豊かになるかを試行錯誤したい "

その道具が良いか悪いかではなく、どう使えば、どう付き合ってゆけば、ヒトも地球も豊かになる？　まずは私たち大人が試行錯誤して、幼い人たちと分かち合ってゆきたいよね。

" 二元論じゃない、グラデーションなんだよね "

そのテクノロジーを導入するかしないかを検討するばかりになってない？　思い切って試してみたり、逆に思い切って止めてみたり、限定して使ったり等、柔らかく考えようよ。

" ICT化するために、ICT化しちゃいけない "

ICT化するのは、私たちがもっと豊かなコミュニケーションをしてゆくため。ICT化が必要な時代だからということが主な動機になっちゃうと、幸せな物語になってゆかない。

" 慣れるだけでなく、常に問いをもっていたいよね "

そのテクノロジー、いずれは当たり前になるのだとしても、幼い人にとってどうなんだろうか？　個人でも、チームでも、問い続けることが、未来を考えた保育の根底なんじゃないか？

" ただ便利とか、ただおもしろいツールとして導入しない "

「便利だから」「おもしろがるから」。それが導入の基準になるのは残念。例えばタブレットで動画を視聴することがこんな姿を育むよねと、豊かに想像することが大切なんだ。

この章を作るヒントをくださった方　　　　　　　堀昌浩 さん ｜ 認定こども園さくら

今回の旅に協力していただいた方

川廷　昌弘 さん	Good Story Lab.
永田　佳之 さん	聖心女子大学

柳瀬真理子 さん	はなぞの保育園	加藤　宏昌 さん	世田谷区立希望丘保育園
髙梨　美紀 さん	茂呂塾保育園	曽木　書代 さん	陽だまりの丘保育園
大柴　由紀 さん	山梨学院大学	髙野真智子 さん	杉並たかいどいちご保育園
西村早栄子 さん	智頭の森こそだち舎	矢尾千比呂 さん	ハルムこどもえん
白水　純平 さん	そらのまちほいくえん	柴田　愛子 さん	りんごの木子どもクラブ
馬場　拓也 さん	社会福祉法人愛川舜寿会	齋藤　祐善 さん	学校法人正和学園
瀬山さと子 さん	カミヤト凸凹保育園	大崎　志保 さん	正和幼稚園
柿沼平太郎 さん	学校法人柿沼学園	大瀬戸麻里恵さん	鳩の森愛の詩瀬谷保育園
本間日出子 さん	三瀬保育園	山﨑　晃司 さん	鳩の森愛の詩瀬谷保育園
小菅　江美 さん	認定こども園森のこども園てくてく	和田みずき さん	鳩の森愛の詩瀬谷保育園
宮城　正昇 さん	世田谷区立希望丘保育園	堀　　昌浩 さん	認定こども園さくら

あとがき

グルグルと回っている大きなものは 急には止まれない
これまでのやり方が 急には変われないのも それに同じよう
でも 少しずつ新たなものを動かすことはできる
その少しずつが積み重なり あるところを超えれば 大きく変わり始める

今はまだ 目の前に見えていない世界を想像してみて
言葉にしてみたり 形にしてみたりすることは
目に見えるものに重き価値を置く社会の天秤の皿の上では 空気の重さのように滑稽
きっと まだ多くの人にとって希望とはなり得ない

でも 確実に変わりつつあることを 多くの人が感じ始めるその日
目に見えていなかった世界のための小さな働きは
多くの人々に 薄い霧の向こうに広がる
新たな希望の世界を深く信頼させることになるだろう

— いつも命を真ん中に置いて想像し、小さくても形にしてみる

いまだ旅の途上にいる私が
旅先で行き合った多くの実践者からいただいた希望という油を注いで
深く濃い霧の中を わずかに照らすランタンの灯火のようにすがる言葉

足りなかったり 勇み足の部分も含めて この本で分かち合えれば幸いです

小西貴士

108

本書は 森でのフィールドワークや
生態系・持続可能な社会づくりを実践してきた小西から
私自身が大きな影響を受け 繰り返し対話をしながら
共に作ってきたものです

保育の世界でも SDGs が言われるようになりましたが
「それって本当に持続可能な社会につながるのか?」と
疑問と問いをもつ取り組みに出合うことも度々ありました

この企画を通して 多様な実践者にインタビューをさせていただきました
実に魅力的な取り組みがなされており
「まさにこの方向性なんだ!」と力強い支えをいただいたという実感です

保育という営みが
子どものウェルビーイングを育むものであると同時に
持続可能な社会づくりに通じていくものであるという視点で
捉えることができるのです

それは 子どもと私たちの未来の希望でもあります

さあ 皆さんの園では
どこからその一歩を歩み出されるでしょうか?

大豆生田啓友

実践をもっと深めるための
オススメ本

『世界で最後の花 絵のついた寓話』

著：ジェームズ・サーバー　訳：村上春樹
ポプラ社（2023）

地球という有限の惑星で、私たちヒトが欲望にまかせて生きると、ヒトも地球も滅びてしまうかもしれない。このことはSDGs時代の大前提。ヒトが生き続け、花が咲き続ける地球であるために、私たちは何ができるだろう？　そんなことをシンプルに問いかけてくれる絵本。

『人類の物語 Unstoppable Us
　　ヒトはこうして地球の支配者になった』

文：ユヴァル・ノア・ハラリ
絵：リカル・ザプラナ・ルイズ　訳：西田美緒子
河出書房新社（2022）

『サピエンス全史』でお馴染みの著者が、子どもにもわかるように人類の歴史の要点をまとめた1冊。これまでのヒトの営みをよく知ることは、この先のヒトの営みを考えるためには不可欠。

『137億年の物語
　　宇宙が始まってから今日までの全歴史』

著：クリストファー・ロイド　訳：野中香方子
文藝春秋（2012）

ヒトの歴史よりもはるかに長い地球の歴史。それよりもはるかに長い宇宙の歴史。その奇跡的な歴史に想いを馳せると、いつもよりも広い視野で、気長に、根本的な取り組みをやってみたくなるかも。

『未来をつくるのはわたしたち
　　：自然、人、地球をまもるおやくそく』

作：クリストファー・ロイド
序文：イギリス国王 チャールズ3世
訳：永田佳之
山川出版社（2023）

イギリス国王のチャールズ3世が、テラ・カルタ（地球憲章）を提唱し、持続可能な社会の実現に向け、力を結集しようと呼びかけている。この本は、その流れを汲み、持続可能な社会をつくる主体である子どもたちへのメッセージとなっている。

『小さな地球の大きな世界 プラネタリー
・バウンダリーと持続可能な開発』

著：J.ロックストローム、M.クルム
監修：武内和彦、石井菜穂子
訳：谷淳也、森秀行ほか
丸善出版（2018）

「プラネタリー・バウンダリー（地球の限界）」とは、今の地球が抱える様々な問題と未来への影響を理解する際に重宝されている概念。この本はその概念の研究の中心となるロックストローム博士の著書で、SDGs時代を理解するための教科書として世界共通の1冊。

『リジェネレーション [再生]
　気候危機を今の世代で終わらせる』

編著：ポール・ホーケン
監訳：江守正多　訳：五頭美知
山と渓谷社（2022）

「持続可能性」という言葉を掲げていては、地球環境の激変を緩和できないという視点で、近年「再生」という言葉が掲げられるようになっている。この本は生態系からヒト社会まで、広範囲の「再生」の考え方とヒントが記されている。姉妹書の『ドローダウン』もオススメ。

『これってホントにエコなの？』

著：ジョージーナ・ウィルソン＝パウエル
監訳：吉田綾　訳：吉原かれん
東京書籍（2021）

私たちの身の回りにある衣食住プラスαの問題に対して、最も環境に優しく、シンプルな解決策が具体的に示されている。問題の根拠についても具体的な数値やデータで示されており、実践につながるヒントはもちろん、視点のヒントも得られる1冊。

『地球のくらしの絵本　全5巻』

著：四井真治　立体美術：宮崎秀人
写真：畑口和功
農山漁村文化協会（2016）

「いのち真ん中の社会」を実現することを見据えて、園の暮らしをデザインする際には、保育関係の書籍ではないものを頼りにしたい。ご自身が循環の暮らしを実践されている四井さんがまとめられたこのシリーズは、未来型の園の暮らしのデザインを考える際のバイブルだ。

『小さいエネルギーで暮らすコツ
　太陽光・水力・薪＆炭で、
　　電気も熱も自分でつくる』

編：農文協
農山漁村文化協会（2023）

これからの時代、園のデザインも保育の内容もエネルギーについての意識がしっかりされていることは重要。でも、エネルギーと言われてもピンとこない、という方には、この本がオススメ。「こんなところから始めてみようかな？」そう思えるような具体例にも出合えるはず。

『はじめてのエシカル
　人、自然、未来にやさしい暮らしかた』

著：末吉里花
山川出版社（2016）

巷で耳にすることも増えてきた「エシカル」という言葉。これは、ヒトにも地球にも配慮した倫理的に正しい消費行動や行為や商品のことを指している。この本は、タイトル通り「エシカル」の入門書。優しい語り口調の文章と具体的なエピソードが親しみやすい1冊。

編著者

小西貴士　[こにし　たかし]

学生時代に環境教育に出合い、2000年のキープ自然学校の立ち上げより八ヶ岳南麓の森を舞台に環境教育・ESDの実践に没頭する。現在は、持続可能な社会と保育を結んで考える場「ぐうたら村」の共同代表。森の案内人・写真家でもある。『子どもと森へ出かけてみれば』『子どもは子どもを生きています』（共にフレーベル館）、『チキュウニウマレテキタ』（風鳴舎）ほか。

大豆生田啓友　[おおまめうだ　ひろとも]

玉川大学教育学部乳幼児発達学科教授。こども家庭庁「こども家庭審議会」委員、文部科学省「幼保小の接続期の教育の質的向上に関する検討チーム」委員、厚生労働省「保育所等における保育の質の確保と向上に関する検討会」座長代理等歴任。NHK・Eテレ「すくすく子育て」出演。「園のリーダーのためのリスペクト型マネジメント」（全2巻、共にフレーベル館）ほか著書多数。

★本書は以下の『保育ナビ』連載をベースに企画をブラッシュアップし、新規取材を加えて編集したものです。
2020年度連載「SDGsの実現に向けて〜乳幼児期の保育・教育の役割」
2021年度連載「SDGsと保育を結ぶ サスティナブルな園のデザインを考える」
2022年度連載「みんなのSDGsアイデア帳」

表紙・本文イラスト　吉野由利子

校正協力　鷗来堂

保育ナビブック

SDGs時代の保育実践アイデア帳

2023年11月10日　初版第1刷発行

著　者　小西貴士　大豆生田啓友
発行者　吉川隆樹
発行所　株式会社フレーベル館
　　　　〒113-8611　東京都文京区本駒込6-14-9
　　　　電話［営業］03-5395-6613
　　　　　　　［編集］03-5395-6604
　　　　振替　00190-2-19640
印刷所　株式会社リーブルテック

表紙・本文デザイン　SMALL design（小池明子）